Mein erstes Spiel-, Mal- und Ratebuch

Im Weltraum

Text: Rebecca Gilpin und Fiona Watt

Gestaltung und Illustrationen:
Erica Harrison, Fred Blunt, Laurent Kling,
Kathryn Selbert, Erica Sirotich
und Dean Gray

Übersetzung aus dem Englischen: Andrea Reinacher
Satz der deutschen Ausgabe: Anne-Cathrin Saure
Redaktion der deutschen Ausgabe: Silke Jäckle

Die Sticker findest du in der Mitte des Buches und die Antworten zu den Rätseln auf den Seiten 61–64.

Was gibt es im Weltraum?

Er sieht leer aus, aber es gibt viele Dinge im Weltraum: Planeten, Gesteinsbrocken, Stürme und Sterne.

Es gibt Abermillionen Sterne. Kannst du sechs Sterne finden, die so aussehen wie dieser?

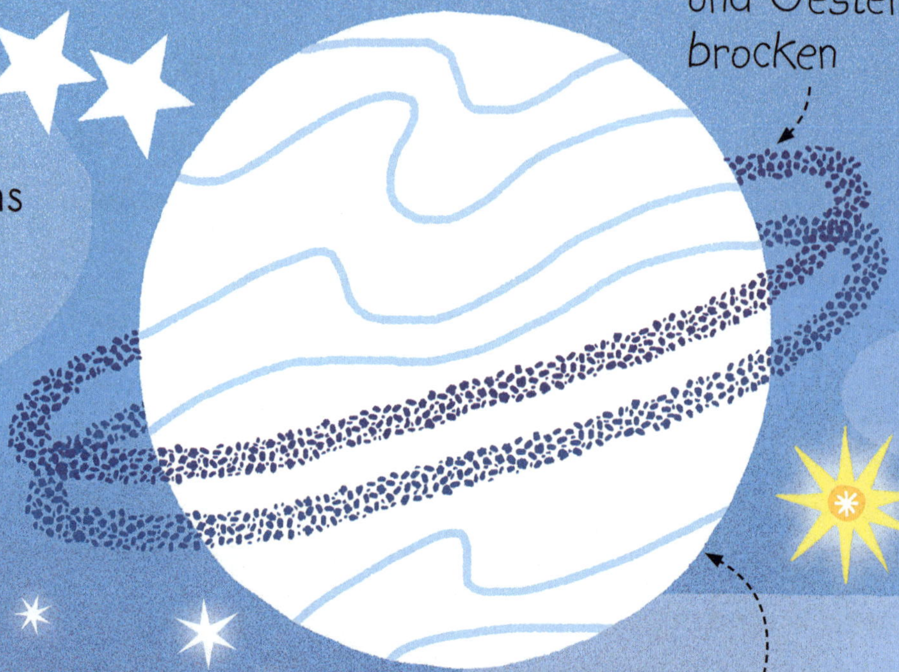

Manche Planeten weisen Ringe auf. Male diesen Planeten bunt aus.

Auf diesem Planeten gibt es starke Stürme. Klebe die Blitz-Sticker von den Stickerseiten darauf.

Im Weltraum gibt es viele Doppelsterne, die sehr dicht nebeneinanderstehen. Suche sie und zeichne ihnen Gesichter.

Dies ist ein Nebel, in dem neue Sterne entstehen. Kannst du einen Weg zum Stern in der Mitte finden?

Asteroiden sind Kleinkörper, die sich im Weltraum umherbewegen. Kannst du fünf weitere entdecken?

Astronauten

Kannst du diese Astronauten der Größe nach in eine Reihenfolge bringen? Schreibe 1 neben den kleinsten und 5 neben den größten Astronauten.

Wer schaut aus dem Fenster der Raumstation?

Zeichne mehr Astronauten auf diese Seite.

1. Zeichne einen Helm und einen Körper.

2. Dann kommen Arme und Beine dazu.

3. Zeichne ein Gesicht. Füge Knöpfe und Streifen hinzu.

Um einen schwebenden Astronauten zu zeichnen, drehe die Seite, bevor du loslegst.

Zeichne weitere Sterne.

Im Kontrollzentrum

Heute sind alle sehr beschäftigt. Kannst du Folgendes erspähen?

- Jemanden, der auf einen Bildschirm zeigt
- Eine Weltkarte
- Drei Bleistifte
- Einen kaputten Bildschirm
- Ein Klemmbrett
- Zwei Personen mit Kopfhörern

Wie viele Tassen kannst du im Bild finden? ....

Male die restlichen Lichter aus. Halte dabei die jeweilige Farbreihenfolge ein.

Viele Sterne

Sterne sehen am Nachthimmel winzig und weiß aus. Aber in Wirklichkeit sind es riesige Kugeln aus Gas, die sich weit entfernt im Weltall befinden. Und sie sind nicht alle weiß ...

Sieh dir die Sterne unten an. Wie viele Sterne kannst du in jeder Farbe zählen?

.... blaue
(sehr heiß)

.... gelbe
(mittelheiß)

.... rote
(weniger heiß als die anderen, aber immer noch unglaublich heiß)

Jeder dieser weißen Sterne hat einen bunten Partner. Suche den jeweiligen Partner und male ihn dann genauso bunt aus.

Sieh dir die drei Ansichten des Nachthimmels an. Welche hat einen zusätzlichen Stern?

A

B

C

Eine neue Welt

Menschen kommen auf diesen neu entdeckten Planeten, um hier zu leben. Zeichne mehr Wege ein und klebe Sticker von den Stickerseiten in das Bild.

Klebe Sterne und Raumschiffe in den Himmel.

Wie soll der Planet heißen? ....

Raketenstart

Diese Astronauten sind auf dem Weg in die Rakete. Zeichne ein Lächeln auf ihre Gesichter.

Der Countdown beginnt. Schreibe die fehlenden Zahlen in die Kreise, damit die Rakete abheben kann.

10 ... 9 ... ◯ ... 7 ... 6 ...

◯ ... 4 ... 3 ... ◯ ... 1 ...

START!

Die Rakete ist abgehoben. Zeichne die gestrichelten Linien nach, um das Bild zu vollenden.

Zurück zur Erde

Ein Raumschiff kehrt von einer Raumstation zur Erde zurück. Bringe die Bilder in die richtige Reihenfolge und nummeriere sie von 1 bis 4.

Diese Astronauten sind gerade auf der Erde gelandet und ruhen sich aus. Welcher Raumanzug ist anders?

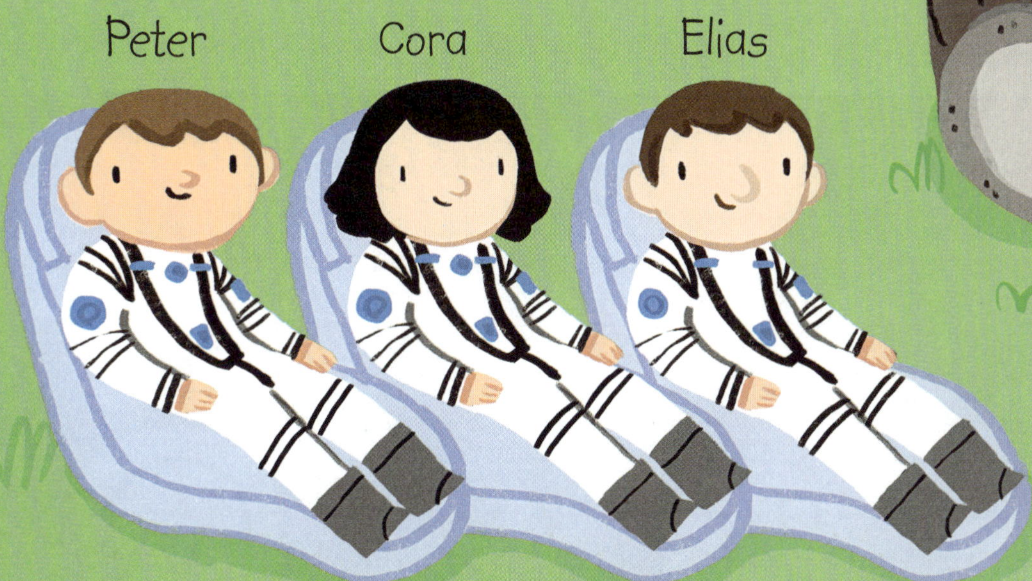

Der Raumanzug von .... ist anders.

Bunter Weltraum

Male alles auf diesen Seiten in der Farbe aus, die mit dem jeweiligen Punkt übereinstimmt.

Arbeit im Weltraum

In einer Raumstation gibt es immer viel Arbeit. Diese drei Astronauten sind auf einem Außenbordeinsatz und reparieren die Raumstation. Mit welcher Versorgungsleine ist jeder Astronaut verbunden?

Nils .... Mia .... Anton ....

O nein! Jemand hat ein Werkzeug verloren. Kannst du es sehen?

Cosima will herausfinden, wie Pflanzen im Weltraum wachsen. Kannst du sie der Größe nach sortieren? Schreibe 1 neben die kleinste und 5 neben die größte Pflanze.

Astronauten müssen im Weltraum fit bleiben. Sie machen Sport und testen sich. Wer hat am längsten in die Pedale getreten?

.... hat am längsten in die Pedale getreten.

Besuch auf dem Mond

Vor etwa 50 Jahren landeten Astronauten zum ersten Mal auf dem Mond. Sie erkundeten die Mondoberfläche, sammelten Gesteinsbrocken und machten Fotos.

Welches Foto hat dieser Astronaut geschossen – A, B oder C? ....

Ein Astronaut läuft auf der trockenen, staubigen Mondoberfläche. Hat er alle Fußspuren hinterlassen?

Ja/Nein

Die Astronauten konnten die Erde vom Mond aus sehen. Suche die Erde auf den Stickerseiten und klebe sie hierher.

Auf dem Mond gibt es riesige Krater. Zeichne noch mehr.

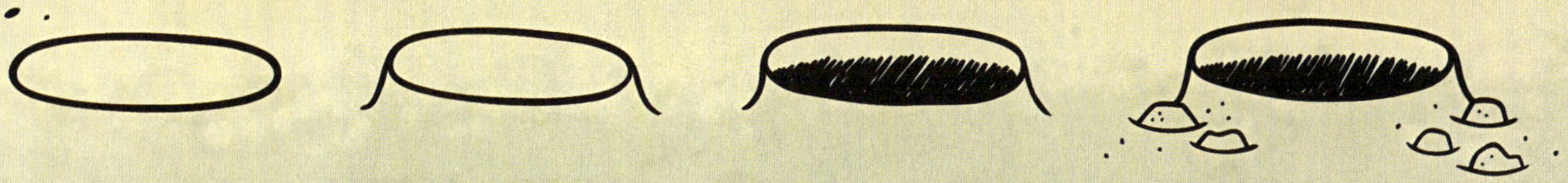

1. Zeichne ein Oval.
2. Füge an beiden Seiten Linien hinzu.
3. Male das Oval halb aus, um einen Schatten zu erzeugen.
4. Zeichne Steine neben den Krater.

Astronautentraining

Wer Astronaut werden möchte, muss dafür getestet und ausgebildet werden. Anja, Tom und Leo nehmen an einem Überlebenstraining teil. Sie müssen ein Lager aufschlagen:

- Zwischen Bäumen
- Neben Wasser
- Nicht in der Nähe von Bären

Welcher Platz ist am geeignetsten – A, B, C oder D? ....

Eli und Sven wurden für das Astronautentraining ausgewählt. Kannst du sie finden? Kreise sie ein.

- Eli hat keine roten Haare.
- Sie ist nicht die Kleinste.
- Sie trägt eine Brille.

- Svens T-Shirt ist blau.
- Er hat dunkle Haare.
- Er trägt schwarze Stiefel.

Diese Astronauten gewöhnen sich langsam daran, einen Raumanzug zu tragen. Sophies Anzug ist komplett, aber an Finns Anzug fehlen vier Dinge. Kannst du erkennen, welche das sind?

Zeichne eine Rakete ...

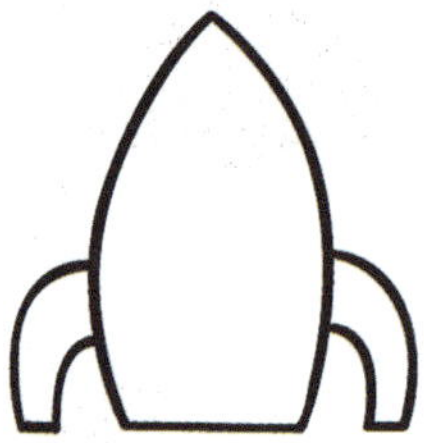

1. Zeichne eine spitze Form mit zwei Flossen.

2. Füge dann ein rundes Fenster und zwei Start-triebwerke hinzu.

3. Ergänze weitere Details und male die Rakete bunt aus.

Zeichne mehr Raketen und Planeten auf die Seiten.

Du kannst Flammen hinter die Rakete zeichnen.

... und einen Planeten

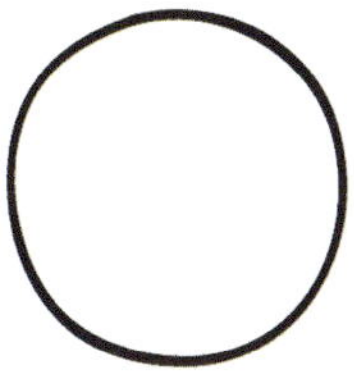

1. Zeichne einen Kreis oder ein Oval für den Planeten.

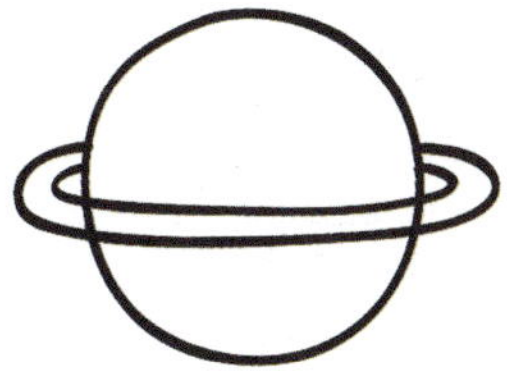

2. Zeichne dann einen Ring um die Mitte.

3. Füge Krater und Vulkane hinzu. Male den Planeten anschließend bunt aus.

Du kannst auch noch ein paar Sterne hinzufügen.

Leben im Weltraum

Diese Astronautin packt ihre Sachen, die sie zur Raumstation mitnehmen will. Sie wird sechs Monate dort bleiben. Lies die Liste und sieh dir das Bild an. Hat sie alles? Falls nicht, zeichne den fehlenden Gegenstand ins Bild.

Eine Tafel Schokolade
Zwei Bücher
Ein Foto ihres Hundes
Ein Paar Socken
Eine Kamera
Eine Uhr

Diese Astronauten sind schon seit Monaten im Weltraum. Sie vermissen bestimmte Tätigkeiten. Kannst du die Astronauten mit der Beschäftigung verbinden, die ihnen fehlt?

In der Raumstation schwebt alles schwerelos im Raum. Deshalb ist es schwierig, etwas zu essen. Wer isst hier was?

Tim ist auf der Raumstation und spricht mit seiner Familie. Sieh dir das Foto und den Computerbildschirm an. Wer fehlt auf dem Bildschirm? Kreise die Person auf dem Foto ein.

Raumschiffe

Verbinde die Punkte von 1 bis 10, um das Raumschiff fertig zu zeichnen.

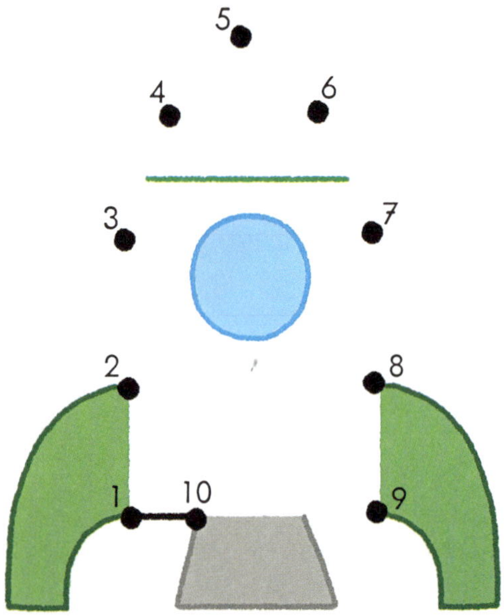

Male das untere Raumschiff so aus, dass es dem oberen gleicht.

Zwei Raumschiffe müssen sich an einer Raumstation treffen. Welchen Weg muss jedes von ihnen nehmen?

Welches Raumschiff fällt aus der Reihe?

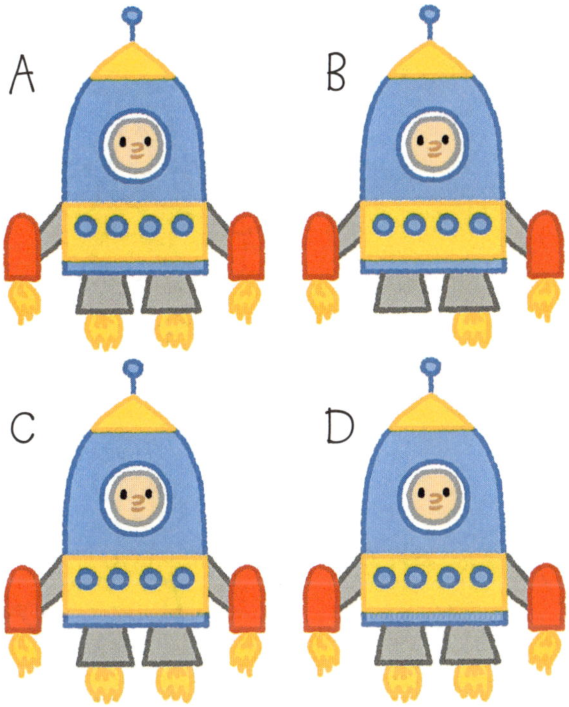

Zeichne den Weg ein, den das Raumschiff zu den Planeten von 1 bis 5 nimmt.

Fülle das Weltall mit Raumschiffen von den Stickerseiten.

Außerirdische Party

Kannst du Folgendes entdecken und dann ausmalen?

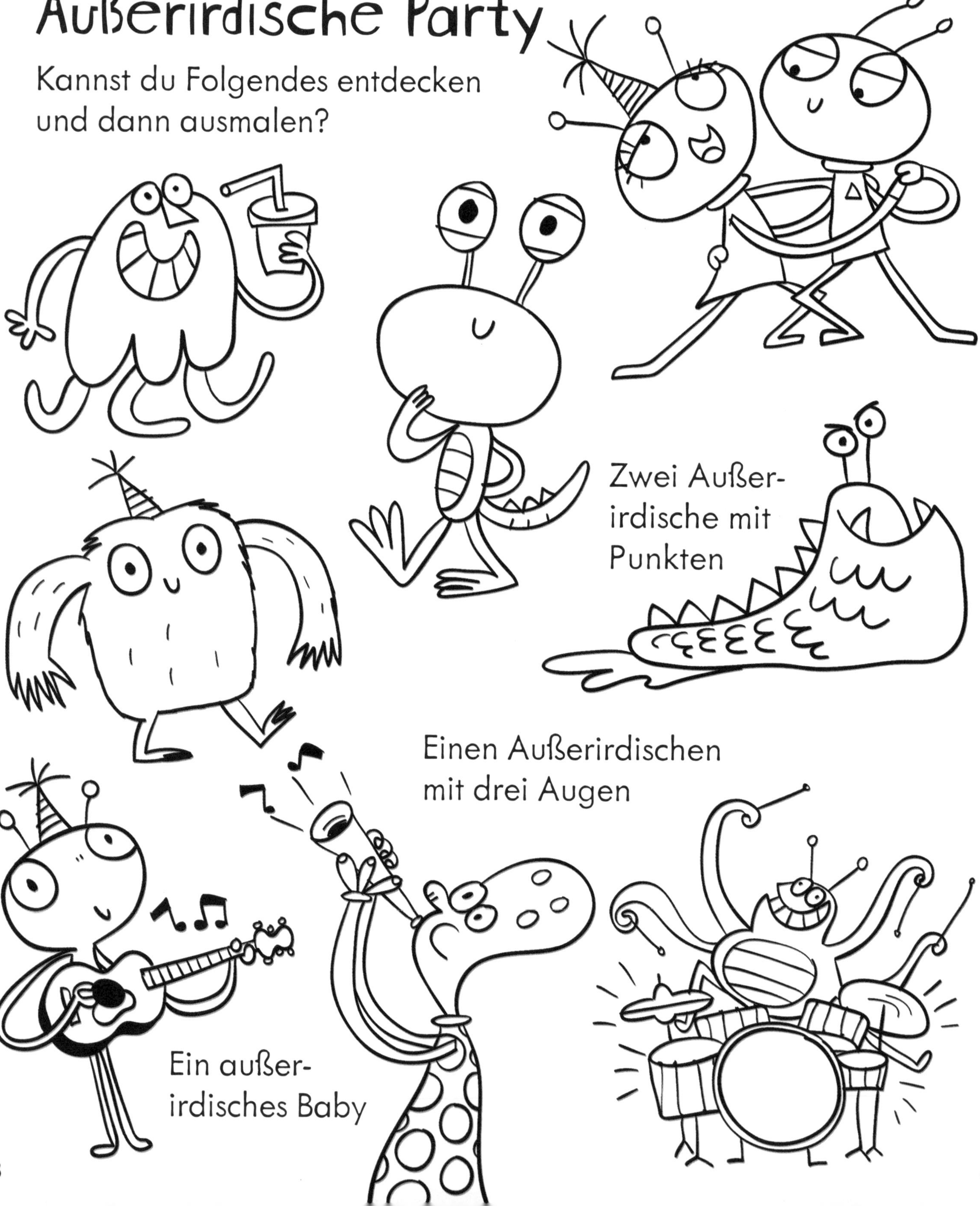

Zwei Außerirdische mit Punkten

Einen Außerirdischen mit drei Augen

Ein außerirdisches Baby

Einen Außerirdischen mit vielen Armen

Sieben Partyhüte

Zwei tanzende Außerirdische

Male anschließend das restliche Bild bunt aus.

Der Nachthimmel

Erik und Lena sehen sich den Nachthimmel an, um die Dinge aus ihrem Weltallbuch zu erspähen. Können sie alles finden?

Ja/Nein

Welches Quadrat fehlt im Bild?

Die meisten Sterne im Bild haben fünf Spitzen. Kannst du zwei mit sieben Spitzen erkennen?

Wie viele Sterne kann Marion sehen?

....

Astronauten einkleiden

Verwende die Sticker von den Stickerseiten, um diese Astronauten einzukleiden.

Sie brauchen Helme, Raumanzüge, Handschuhe und Stiefel.

Was gibt es im Weltraum?
Seite 2–3

Eine neue Welt
Seite 10–11

Besuch auf dem Mond
Seite 18–19

Raumschiffe

Seite 26–27

Astronauten einkleiden

Seite 32

Bunte Außerirdische Seite 33

Weltraumtourismus Seite 38–39

Das Sonnensystem Seite 42–43

Weltraumstation Seite 54–55

Es gibt hier mehr Sticker, als auf die Seiten passen.

Mond und Sterne

Seite 60

Bunte Außerirdische

Kannst du diese Formen mit den Stickern von den Stickerseiten in Außerirdische verwandeln?

Im Wasser schweben

Ein Teil der Astronautenausbildung findet unter Wasser statt, weil sich die Astronauten so an die Schwerelosigkeit im Weltraum gewöhnen. Kannst du Folgendes im Bild erspähen?

- Sechs Astronauten
- Fünf Rettungstaucher
- Eine Flosse, die jemand verloren hat
- Drei Luftblasenwolken
- Eine rote Taucherbrille
- Eine Bohrmaschine

Kannst du vier
weitere Plaketten
wie diese finden?

Feuer ...

Planet Feurio ist mit Vulkanen, Feuer und kochender Lava übersät. Hilf Lia, sicher zurück nach Hause zu gelangen.

. . . und Eis

Auf dem Planeten Frierio leben die Bewohner in Höhlen im Eis. Hilf Timo, zur großen Höhle zu gelangen und auf dem Weg Mota und Pim zu besuchen.

Weltraumtourismus

Eines Tages wird es vielleicht möglich sein, als Tourist in den Weltraum zu fliegen.

Diese Gruppe hebt gleich ab, aber eine Touristin ist zu spät. Zeichne ihren Weg so schnell du kannst ein, ohne dabei irgendwo anzustoßen.

Gibt es genügend Helme für alle Touristen?

Touristen ....

Helme ....

Ja/Nein

Nun sind alle an Bord des Raumschiffes und bereit für den Abflug. Suche die Sticker mit den Gesichtern und klebe sie in die Fenster.

Das Raumschiff ist nun weit entfernt von der Erde. Kannst du diese beiden Länder auf dem Erdball erkennen?

Australien

Japan

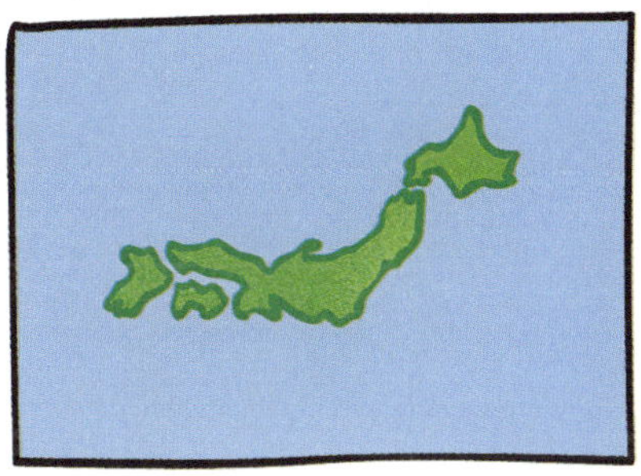

Rastlose Raketen

Zeichne den Weg ein, den die Rakete um den roten Planeten, vorbei am gelben Stern und dann zum grünen Planeten fliegt. An wie vielen weißen Sternen kommt sie vorbei?

.... Sterne

Jede dieser Raketen hat die gleiche Farbe wie der Planet, zu dem sie fliegt. Verbinde jede Rakete mit ihrem Planeten.

Folge den Kondensstreifen, um herauszufinden, woher jede Rakete kam.

Diese Rakete ist auf dem Weg zurück zur Erde. Sie kann jedoch nur entlang der Linien fliegen, die durch Sterne führen, aber nicht durch andere Himmelskörper. Welchen Weg muss sie nehmen?

Das Sonnensystem

Unser Sonnensystem besteht aus der Sonne, den sie umkreisenden acht Planeten, deren Monden sowie Zwergplaneten und Millionen von Kleinkörpern. Die Erde ist einer der acht Planeten.

Finde auf den Stickerseiten den passenden Sticker zu jedem der hier beschriebenen Planeten.

Asteroiden-gürtel

MERKUR
Er liegt der Sonne am nächsten und ist mit Kratern übersät.

ERDE
Sie ist mit Meeren und Land bedeckt.

SONNE

VENUS
Sie ist mit dicken Wolken bedeckt.

MARS
Er ist rot und kleiner als die Erde.

SATURN
Er ist von großen Ringen aus Staub, Gesteinsbrocken und Eis umgeben.

JUPITER
Er hat einen großen roten Fleck.

Der Fleck ist ein riesiger Sturm. Er heißt Großer Roter Fleck.

URANUS
Er sieht aus, als läge er auf der Seite, ist blassgrün und von schmalen Ringen umgeben.

NEPTUN
Er sieht aufgrund von Gasen blau aus.

Das ist Pluto. Er zählte früher zu den Planeten, aber Wissenschaftler entschieden, dass er dafür zu klein ist.

Außerirdisches Raumschiff

Zip, Zap und Zop fliegen durch das Weltall.
Wer kam von welchem Planeten?

Zeichne weitere Außerirdische in das Ufo.

Bogo, Bigi und Baga fliegen zu ihrem Planeten zurück. Wer kommt als Erster an? Schreibe das Ergebnis der jeweiligen Rechenaufgabe in den dazugehörigen Kondensstreifen. Der Außerirdische mit der höchsten Zahl ist Erster.

$4 + 2 =$ ....

$5 - 3 =$ ....

$6 + 1 =$ ....

.... ist Erster.

Zeichne mehr Ufos in das Bild.

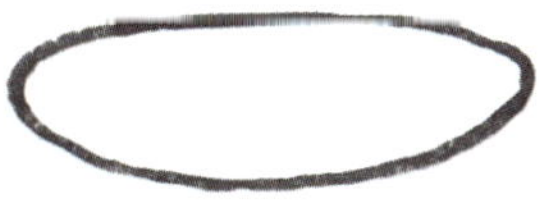

1. Zeichne ein Oval.

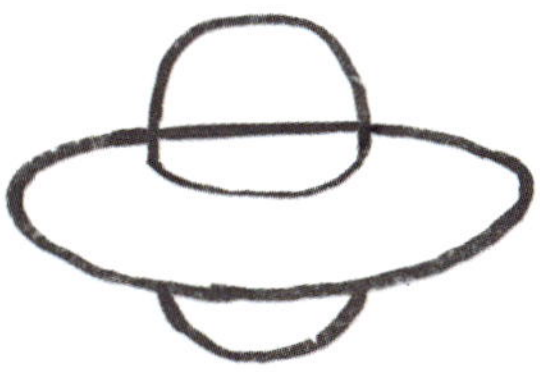

2. Füge Halbkreise über und unter dem Oval hinzu.

3. Zeichne Lichter und einen Außerirdischen. Male das Ufo dann bunt aus.

Weltraumbesucher

In der Zukunft fliegen Astronauten möglicherweise zu anderen Planeten. Auf diesen Seiten wird einer davon erforscht. Findest du Folgendes im Bild?

Einen Astronauten mit Gesteinsbrocken

Einen Astronauten in einem Krater

Einen Astronauten mit Flagge

Ein Weltraumauto mit rotem Dach

Wie viele von diesen Dingen kannst du finden?

- Lilafarbene Gesteinsbrocken ....
- Krater ....
- Vulkane ....
- Wasserlöcher ....

Ein langer Flug

Dieses Raumschiff hat einen langen Flug vor sich. Zuerst muss es den Weltraumtunnel ansteuern und dann einen Weg zum Blauen Planeten finden.

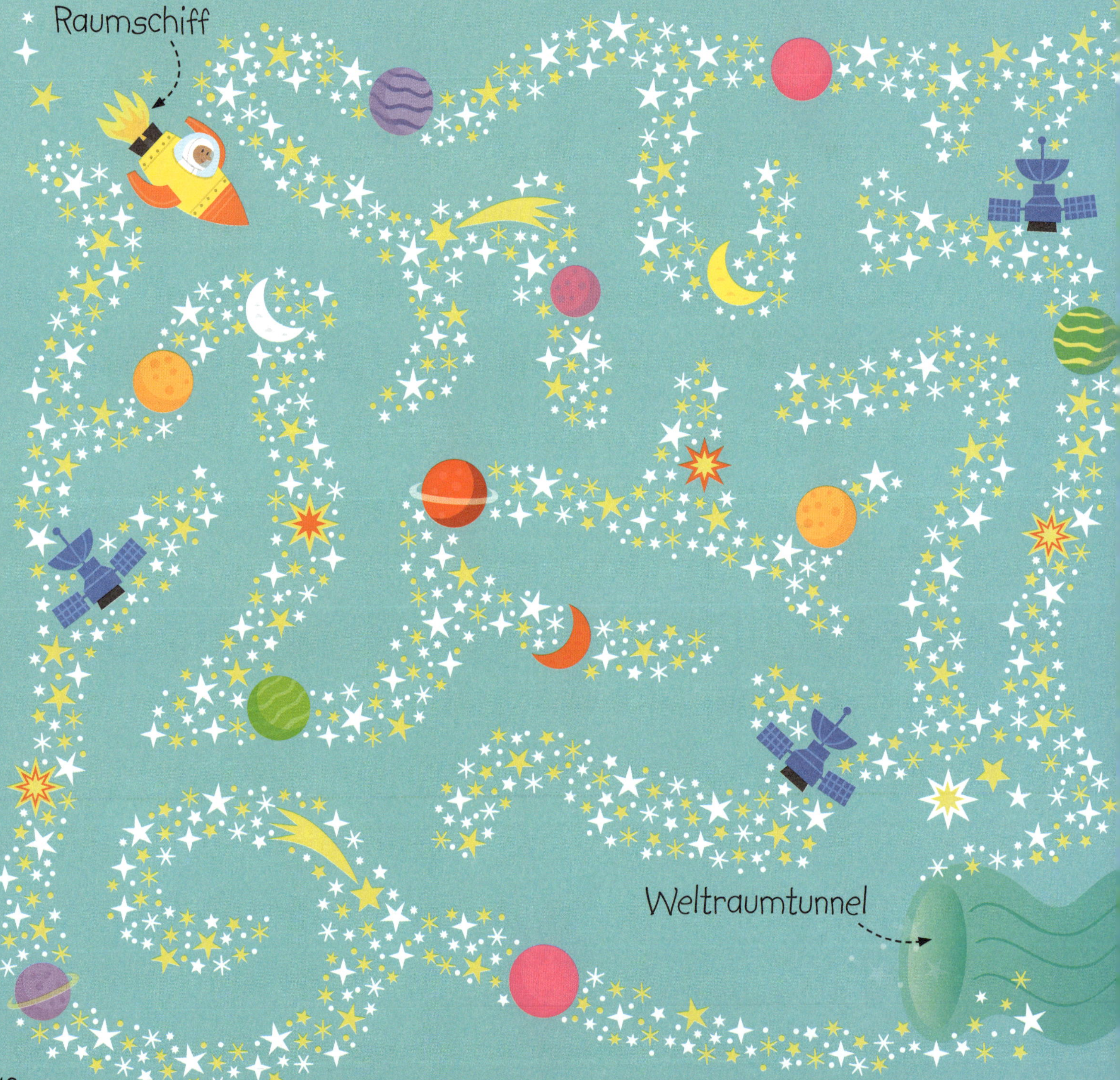

Hilf dem Raumschiff,
sein Ziel zu erreichen.

Planet der Außerirdischen

Zwei Außerirdische leben auf diesem Planeten, aber es gibt Platz für mehr Bewohner. Folge den Anweisungen und zeichne mehr Außerirdische ins Bild. Male sie danach bunt aus.

So zeichnest du einen Außerirdischen:

1. Zeichne einen Kopf und einen Körper.

2. Füge Arme, Beine und Fühler hinzu.

3. Zeichne Augen, eine Nase und einen Mund.

4. Male den Außerirdischen bunt aus.

Male auch die Sterne bunt aus.

Verwende für jeden Außer-irdischen andere Farben.

Raumfahrtmuseum

In diesem Museum gibt es unzählige beeindruckende Gegenstände zu entdecken. Welchen sehen sich die meisten Besucher an? Schreibe die Anzahl der Besucher über jeden Gegenstand.

Die meisten Besucher sehen sich .... an.

Laura möchte das Modell eines Mondautos anschauen.
Welchen Weg muss sie dafür wählen – A, B oder C?

....

Meteoriten sind Gesteinsbrocken, die aus dem Weltall auf die Erde fallen. Wie viele kannst du hier zählen?

....

Zeichne die linke Hälfte dieses Raumanzugs, in dem man Weltraumspaziergänge macht.

Weltraumstation

Raumstationen werden aus vielen verschiedenen Teilen gebaut. Baue diese Station mit den Stickern von den Stickerseiten fertig.

Diese Astronauten leben in einer Raumstation.
Kannst du Folgendes finden und bunt ausmalen?

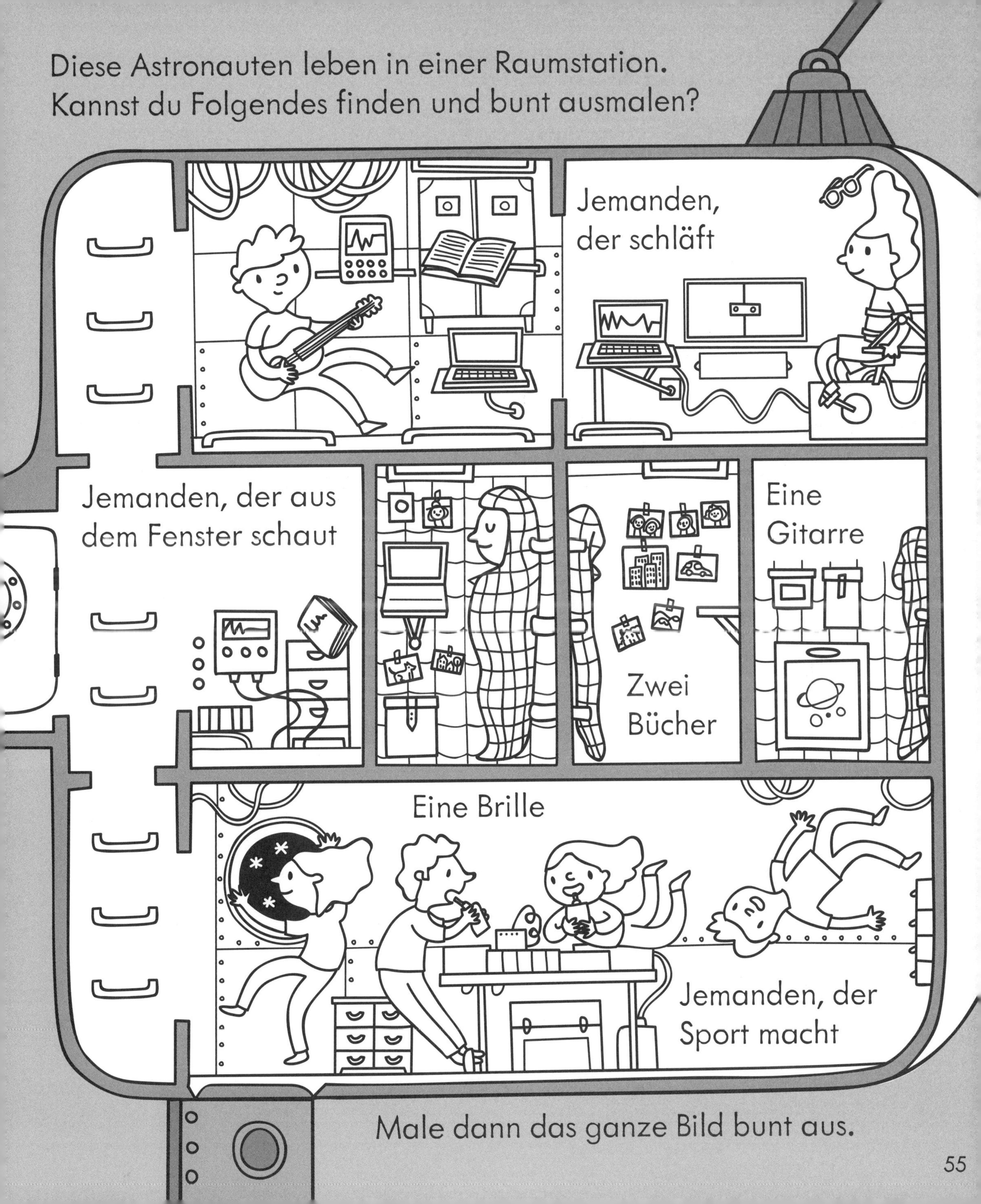

Male dann das ganze Bild bunt aus.

Sternbeobachtung

Einige der folgenden Gegenstände können dir dabei helfen, Sterne zu beobachten. Verbinde jeden Gegenstand mit seinem korrekten Namen. Kreise dann diejenigen ein, mit denen man Sterne sehen kann.

Fernglas | Taschenlampe | Teleskop | Mikroskop

Sternbilder sind Ansammlungen von Sternen, die zusammen ein Bild ergeben. Verbinde die Zahlen, um die zwei Sternbilder fertig zu zeichnen. Beginne jeweils bei 1.

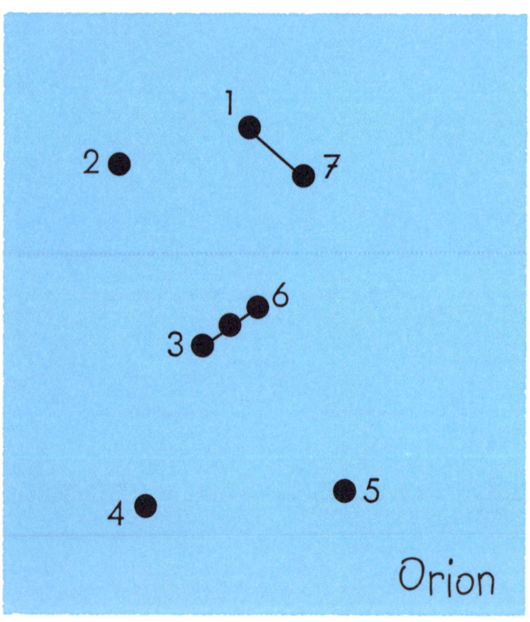

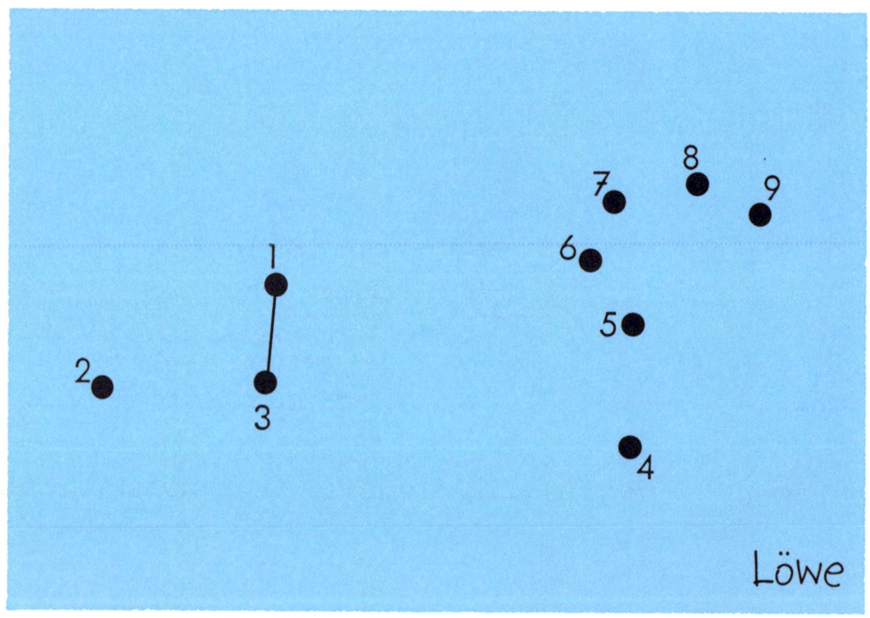

Eine Astronomin sieht durch ihr Teleskop.
Welches Sternbild kann sie sehen – A, B oder C?

Galaxien sind riesige Ansammlungen von Sternen, die in verschiedenen Formen auftreten. Welche zwei Galaxien sind genau gleich?

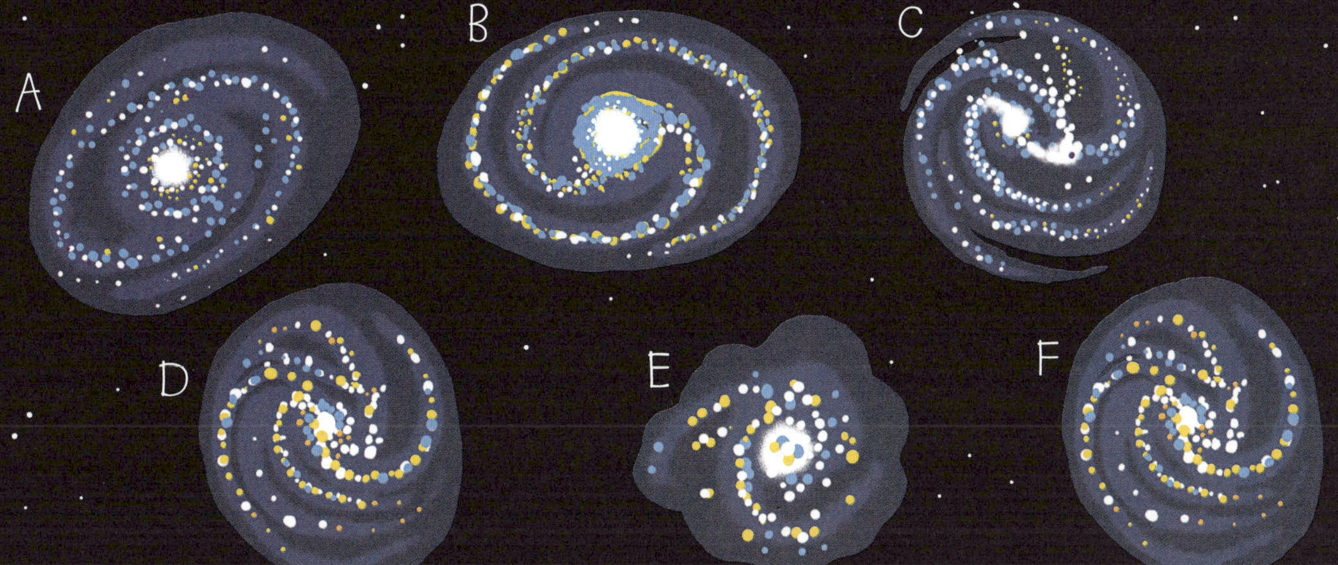

Viele Planeten

Von welchem Planeten kommt Zarko? Lies die Hinweise, um es herauszufinden.

- Er liegt nicht am nächsten zum Großen Stern.
- Er ist nicht der kleinste Planet.
- Er ist von Ringen umgeben.
- Er ist nicht blau.

Ein Planet fliegt an einem weit entfernten Stern vorbei. Aber welcher ist es: Ibi, Dibi, Bibi oder Gribi?

Auf welchem dieser Planeten gibt es acht Krater?
Finde ihn und male dann alle Planeten bunt aus.

Auf Planet .... gibt es acht Krater.

Mond und Sterne

Klebe den Mond und viele Sterne von den Stickerseiten in diesen Nachthimmel.

Lösungen

2–3 Was gibt es im Weltraum?

Sterne

Asteroiden

Doppelsterne

4–5 Astronauten

Du solltest die Astronauten von links nach rechts so nummerieren: 4, 2, 5, 1, 3

Person B schaut aus dem Fenster.

6–7 Im Kontrollzentrum

Jemand, der auf einen Bildschirm zeigt

Ein kaputter Bildschirm

Eine Weltkarte

Ein Klemmbrett

Drei Bleistifte

Zwei Personen mit Kopfhörern

Im Bild sind 5 Tassen.

8–9 Viele Sterne

Es gibt 9 blaue, 10 gelbe und 8 rote Sterne.

Ansicht C hat einen zusätzlichen Stern.

12 Raketenstart

Die fehlenden Zahlen sind 8, 5 und 2.

13 Zurück zur Erde

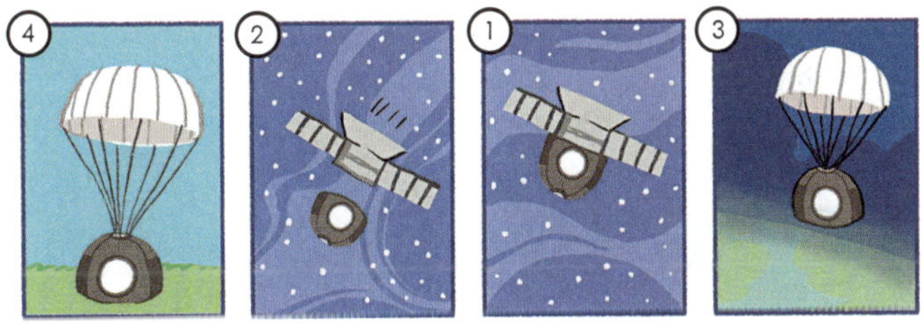

Der Raumanzug von Elias ist anders. Ihm fehlt ein Knopf.

16–17 Arbeit im Weltraum

Nils – C
Mia – B
Anton – A

Werkzeug

Du solltest die Pflanzen von links nach rechts so nummerieren: 3, 1, 2, 5, 4

Anna hat 7 Minuten, Max 9 Minuten und Aaron 8 Minuten in die Pedale getreten. Max hat am längsten trainiert.

18–19 Besuch auf dem Mond

Der Astronaut hat Foto C geschossen.

Nein. Zwei Fußspuren sind nicht von dem Astronauten.

20–21 Astronautentraining

Sie sollten das Lager an Platz C aufschlagen.

Eli Sven

24–25 Leben im Weltraum

Eine Socke fehlt.

Joggen Auto fahren Baden Hund ausführen

Lara – Apfel
Lukas – Orange
Isabel – Banane
Paul – Erdbeere

Auf dem Bildschirm fehlt das Baby.

26–27 Raumschiffe

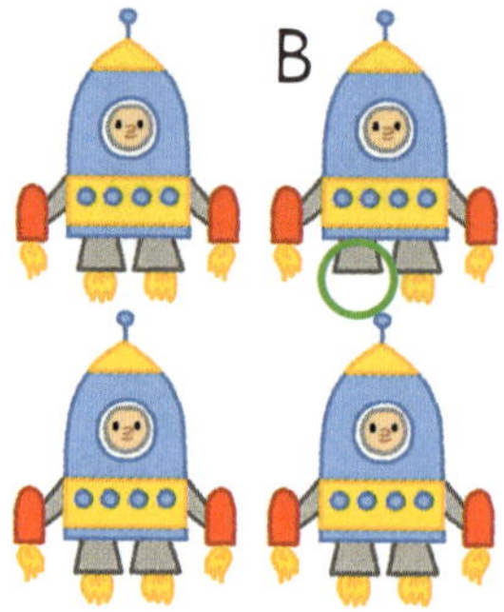

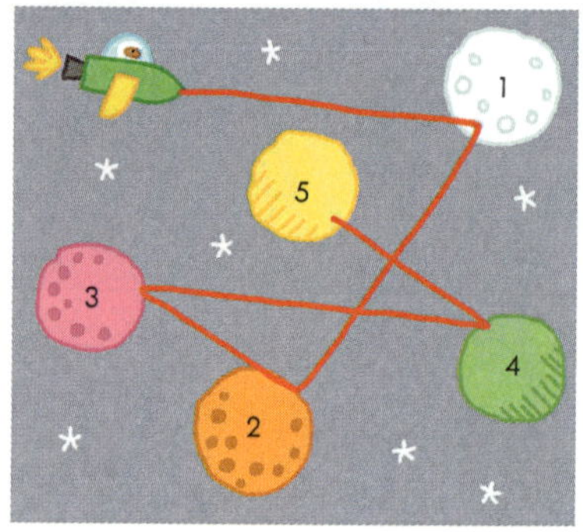

28–29 Außerirdische Party

Außerirdische mit Punkten

Mit drei Augen

Außerirdisches Baby

Mit vielen Armen

Partyhüte

Tanzende Außerirdische

30–31 Der Nachthimmel

Ja, Erik und Lena können alles aus ihrem Buch sehen.

Quadrat B fehlt im Bild.

Marion kann 9 Sterne sehen.

34-35 Im Wasser schweben

- Astronauten
- Rettungstaucher
- Verlorene Flosse
- Luftblasenwolken
- Taucherbrille
- Bohrmaschine
- Plaketten

36-37 Feuer ... und Eis

38-39 Weltraumtourismus

Ja, es gibt fünf Helme für fünf Touristen.

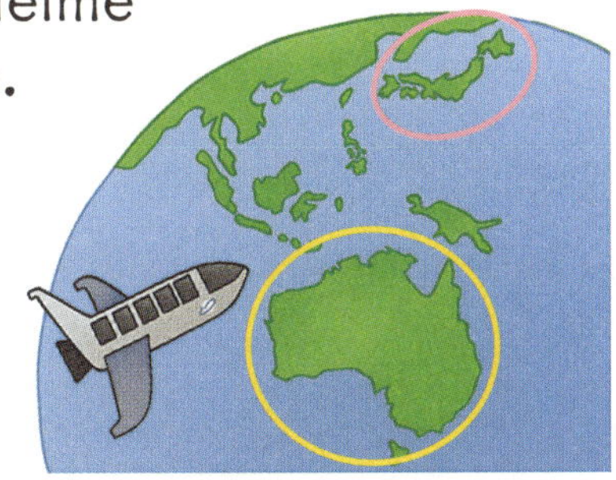

- Australien
- Japan

40-41 Rastlose Raketen

Sie fliegt an fünf weißen Sternen vorbei.

A = roter Planet, B = gelber Planet,
C = blauer Planet

44-45 Außerirdisches Raumschiff

Zip – Gerk, Zap – Burg, Zop – Yarg
Bogo: 4 + 2 = 6, Bigi: 5 – 3 = 2,
Baga: 6 + 1 = 7. Baga ist Erster.

46-47 Weltraumbesucher

- Astronaut mit Gesteinsbrocken — 5
- Astronaut in einem Krater — 2
- Astronaut mit Flagge — 4
- Weltraumauto mit rotem Dach — 2

48-49 Ein langer Flug

52-53 Raumfahrtmuseum

Raumschiff: 6 Besucher, Modell eines Satelliten: 5 Besucher, Raumanzug: 4 Besucher, Mondgestein: 3 Besucher, Astronautennahrung: 4 Besucher. Die meisten Besucher sehen sich das Raumschiff an.

Laura sollte Weg B nehmen.

Es gibt 9 Meteoriten.

54-55 Weltraumstation

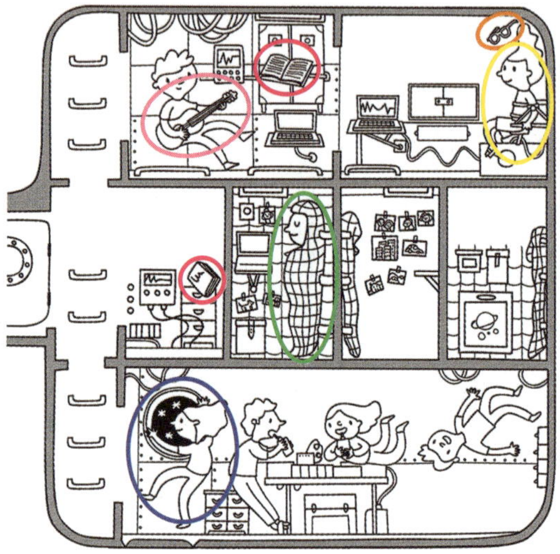

- Jemand, der schläft
- Jemand, der aus dem Fenster schaut
- Zwei Bücher
- Eine Gitarre
- Eine Brille
- Jemand, der Sport macht

56-57 Sternbeobachtung

Die Astronomin sieht Sternbild C.

Die Galaxien D und F sind gleich.

58-59 Viele Planeten

Zarko kommt von diesem Planeten.

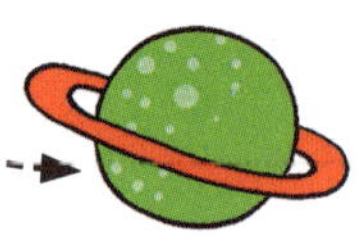

Gribi fliegt am Stern vorbei.

Auf Planet D gibt es acht Krater.